Alfred Hitchcock, el niño que filmó el miedo
Primera edición: abril, 2023
© 2023 Editorial Libre Albedrío
www.editoriallibrealbedrio.com

© del texto y las ilustraciones:
Nuria Díaz
www.nuriadiaz.es

Maquetación y diseño:
Nuria Díaz

Dirección editorial:
Gema Sirvent

Corrección ortotipográfica:
Estilográficas Corrección®

ISBN: 978-84-125673-9-7
Depósito legal: AL 551-2023

Impreso en España por Grafo, S. A.

A mi padre, que me descubrió el cine.

GRACIAS:

A mi familia, por estar siempre ahí.
A Gema, por la confianza.
A Hadassa, por sus consejos.

BIBLIOGRAFÍA:

Spoto, Donald: *Alfred Hitchcock. La cara oculta del genio.* Barcelona, RBA, 2008.

Truffaut, François: *El cine según Hitchcock.* Madrid, Alianza Editorial, 2015.

Duncan, Paul: *Alfred Hitchcock: todas las películas.* Madrid, Taschen, 2003.

Menéndez, Abraham (Abe the Ape): *Alfred Hitchcock: el enemigo de las rubias.* Madrid, Lunwerg, 2021.

Cualquier forma de reproducción, distribución, comunicación pública o transformación de esta obra solo puede ser realizada con la autorización de sus titulares, salvo excepción prevista por la ley. Diríjase a Cedro (Centro Español de Derechos Reprográficos, www.cedro.org) si necesita fotocopiar o escanear algún fragmento de esta obra.

Este libro se ha impreso en papel procedente de bosques y plantaciones gestionadas con altos estándares ambientales, garantizando una explotación de los recursos sostenible y respetuosa con el medio ambiente.

PEFC/14-33 00010

Nuria Díaz
Alfred HITCHCOCK
EL NIÑO QUE FILMÓ EL MIEDO

Libre Albedrío

En una tienda de frutas y verduras.

Ahí fue donde Alfred pasó buena parte de su infancia, entre cajas de tomates y cestas con patatas.

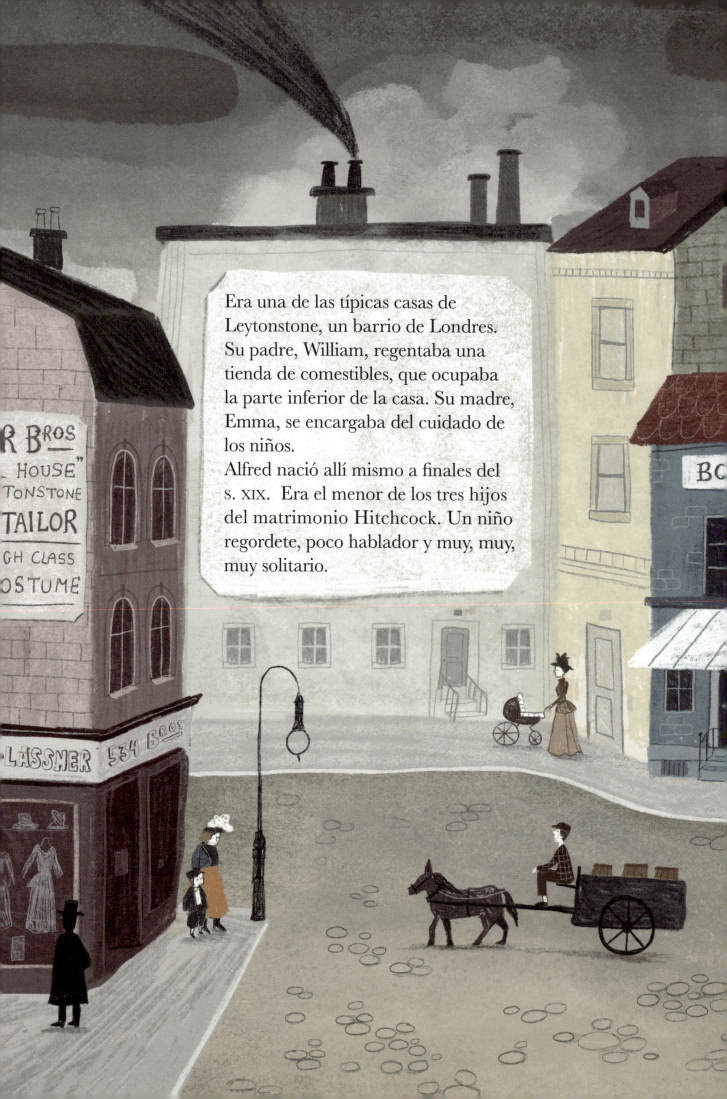

Era una de las típicas casas de Leytonstone, un barrio de Londres. Su padre, William, regentaba una tienda de comestibles, que ocupaba la parte inferior de la casa. Su madre, Emma, se encargaba del cuidado de los niños.

Alfred nació allí mismo a finales del s. XIX. Era el menor de los tres hijos del matrimonio Hitchcock. Un niño regordete, poco hablador y muy, muy, muy solitario.

Su padre, un tipo muy autoritario y estricto, estaba convencido de que una férrea educación católica llevaría por el buen camino a sus tres hijos.

Cuando todavía era muy pequeño, su padre quiso dar a Alfred una lección y, como castigo, lo mandó a la comisaría.

El comisario, que se había aliado con su padre, lo agarró de la mano y, sin mirarlo, lo encerró en una celda.
—Esto es lo que se les hace a los niños malos —le dijo.

Un sudor frío se apoderó de Alfred.

No estuvo más de 15 minutos encerrado,
pero le parecieron eternos.

Sentía que en esa celda había alguien más…
El miedo, que también se había instalado
dentro de él.

Y le acompañaría durante toda su vida.

Su madre, una mujer extremadamente protectora y posesiva, sentía predilección por el pequeño Alfred.

Ella demandaba atenciones constantes y él necesitaba cariño, así que se retroalimentaban.

Todas las noches repetían el mismo ritual: su madre le obligaba a contarle, con todo lujo de detalles, lo que había hecho durante el día. Una costumbre que mantuvo hasta que fue adulto.

Pero aquella noche no fue capaz de contarle nada.

A Alfred le gustaba más observar el mundo que participar en él. En las reuniones familiares no hacía ningún ruido. Se limitaba a sentarse en una esquina de la mesa y mirar.

Al ser un niño tímido e introvertido, no tenía amigos, así que se inventaba sus propios juegos e historias. En el colegio tampoco lo pasaba muy bien, eran habituales los castigos físicos por parte de los profesores en aquella época: el niño elegía día y hora para su castigo.

Sus gustos eran diferentes a los de los otros niños de su edad: Sentía una extraña fascinación por los medios de transporte. A los 8 años ya había viajado en todos los trayectos del tranvía de Londres. Se aprendió los recorridos de trenes, buses y tranvías, y en sus bolsillos siempre había un montón de folletos con los horarios, que evidentemente se sabía de memoria.

Otra de sus aficiones era visitar el Museo Negro de Scotland Yard, donde se recreaba con la macabra colección de objetos con los que se habían cometido crímenes famosos. También le gustaba ir a escuchar los juicios por asesinato en el Tribunal de lo Criminal de Londres.

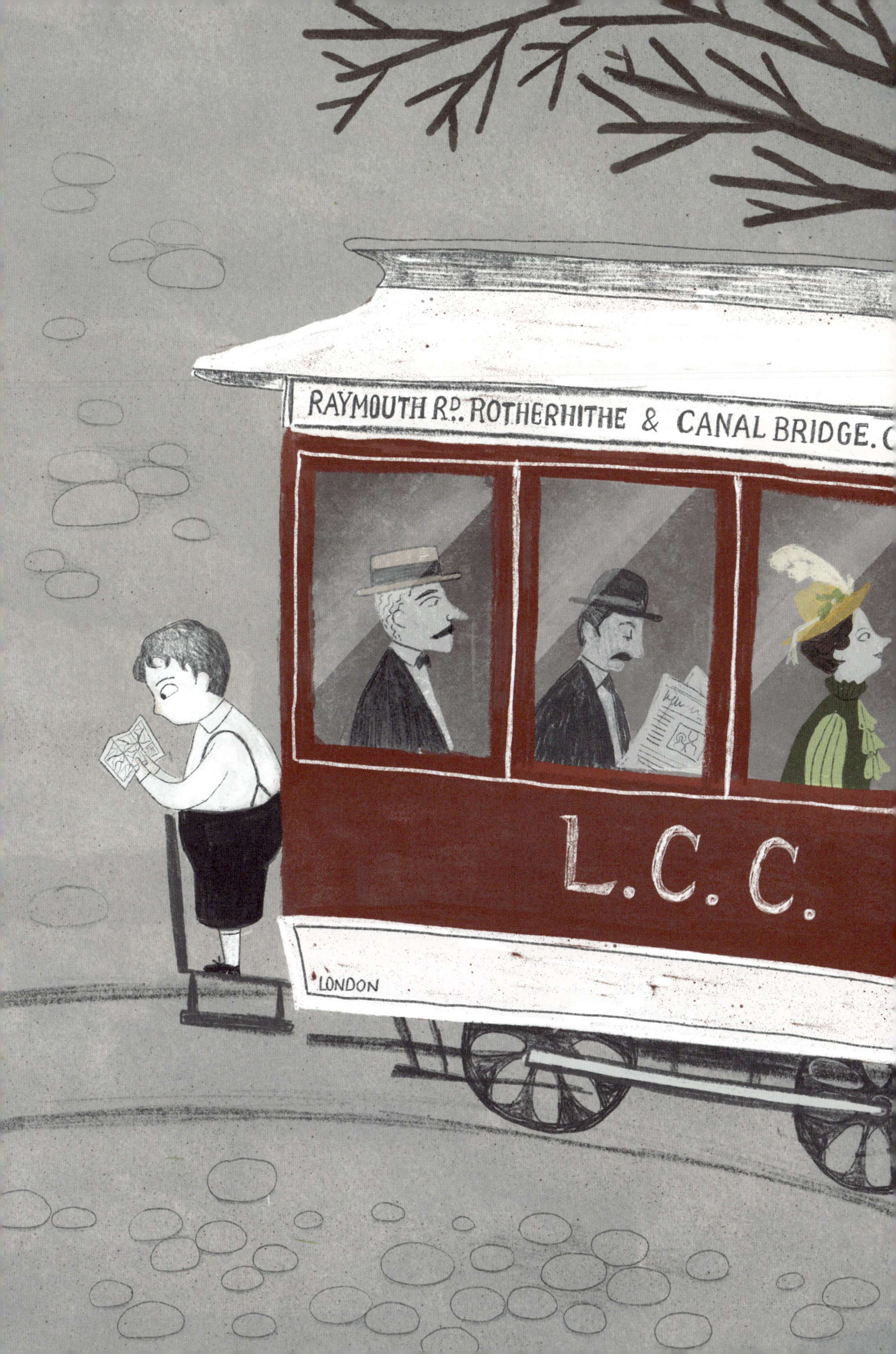
RAYMOUTH R^D. ROTHERHITHE & CANAL BRIDGE.
L.C.C.
LONDON

Cuando tenía 15 años su padre falleció, y Alfred tuvo que buscar trabajo para hacerse cargo de la casa y de su madre. Sus hermanos ya eran mayores y no vivían allí.

Encontró empleo en una empresa de telégrafos, donde estuvo trabajando algunos años. Mientras, por las noches, iba a clases de dibujo, de historia y de arte. Le empezaba a interesar mucho la fotografía y había descubierto a escritores como Poe, quien le causó una gran impresión. Además, disfrutaba mucho yendo al teatro y al cine, algo que siguió haciendo con más frecuencia a medida que se hizo mayor.

Una inquietud artística comenzaba a florecer.

Leía revistas especializadas en cine, y un buen día se enteró de que iban a abrir unos estudios cinematográficos en Londres.

Como era un buen dibujante, preparó unas ilustraciones para las cartelas de las películas mudas y se presentó en las oficinas de los nuevos estudios con su carpeta.

Enseguida lo contrataron. Así fue como comenzó a introducirse en el mundo del cine.
En esa época las películas eran mudas, así que se utilizaban estas cartelas con diálogos o dibujos para dar información de la trama.

Alfred pronto destacó en la industria, se fijaba en cada detalle de las filmaciones y poco a poco fue asumiendo otras responsabilidades: fue director de arte, guionista, montador y ayudante de dirección.

Un día, le ofrecieron dirigir una película:
—Hitch, ¿te apetecería dirigir una película?
—La verdad es que nunca lo había pensado.

Y así fue como realizó su primera película, *El jardín de la alegría*. Tenía 25 años.

Hubo alguien muy importante en su vida: Alma Reville. Era una chica menuda que trabajaba en los estudios de cine como montadora y *script*. Coincidieron en alguna película y Alfred pronto se fijó en ella, pero era muy tímido y se mantenía a distancia.

Estuvieron algún tiempo trabajando juntos y en el trayecto de vuelta de uno de los rodajes, se armó de valor y le propuso matrimonio. En ese momento estaban en un barco, y ella no pudo más que contestarle soltanto un eructo, ya que estaba muy mareada. «Como diálogo no fue muy brillante, pero, pese a todo, fue una de mis mejores escenas», diría tiempo después.

Alma trabajó con él mano a mano durante toda su vida, tomando decisiones importantes, pero siempre detrás de las cámaras. Sin ella, la trayectoria de su marido seguro que hubiese sido completamente diferente.

En su etapa inglesa rodó 23 películas. Y con el filme *El enemigo de las rubias*, de 1927, comenzó a mostrar algunos de sus temas favoritos: el falso culpable, el miedo y las madres posesivas, elementos sobre los que giraría su cine.

En Estados Unidos le echaron el ojo: «¿Quién es ese tipo inglés que está llenando las salas de cine?».
Se trasladó a América con Alma, su hija Patricia y sus dos perros, Eduardo IX y el Sr. Jenkins.

En 1940 se estrenó *Rebeca*, su primera película americana; una especie de cuento de hadas y fantasmas cuya trama gira en torno a un personaje que no aparece en toda la película.

Hollywood le abría sus puertas.

La fama llegó, comenzó a ser una estrella. Es curioso, porque en aquella época las estrellas eran actores y actrices, no tanto los directores. También empezó a salir en sus propias películas, al principio por necesidad, como extra, pero luego porque el público deseaba verlo y eso a él le gustaba. Siempre hacía su aparición en los primeros minutos, para que luego los espectadores se concentrasen en la película.
Su oronda figura, que tanto le acomplejaba, pasó a ser muy familiar para la gente.

Nacía así «el maestro del suspense».

El suspense es esa angustia que nos recorre el cuerpo cuando sabemos que va a pasar algo, pero no podemos hacer nada para evitarlo. No es un susto repentino ni una sorpresa. Viendo sus películas nos sentimos incómodos y en tensión, pero no podemos evitar querer seguir mirando para ver qué pasa.

El público se sentía identificado con sus protagonistas; eran personas corrientes a las que les pasaban cosas extraordinarias, siempre rodeadas de unas circunstancias de las que les resultaba muy complicado salir. Los malos también parecían personas comunes, y eso resultaba aterrador.

Dio con la receta: una mezcla de suspense, intriga y humor negro que hacía que los espectadores no pudiesen apartar la vista de la pantalla.

Sus miedos y obsesiones iban en aumento:
• tenía miedo a cualquier persona con autoridad;
• a los castigos físicos;
• a los huevos;
• a que le parase la policía;
• a conducir;
• a las alturas;
• incluso tenía miedo de volver a ver sus propias películas.

Básicamente, temía a todo lo que no pudiese controlar. Por eso su día a día estaba muy marcado por las rutinas y el orden: se levantaba a las 06:00, siempre se vestía de la misma manera (tenía un montón de trajes iguales), comía en la oficina él solo y debía tener el escritorio limpio y ordenado.

El día que nació su hija Pat, desapareció durante horas porque no era capaz de aguantar la tensión.

Su humor era muy peculiar, rozando lo incómodo y en ocasiones cruel. Como no era muy hábil con las relaciones sociales, gastaba bromas pesadas, porque así veía a los demás también vulnerables.

Por ejemplo, en una ocasión celebró una cena en un restaurante londinense en la que toda la comida era azul. Y en los ascensores le gustaba describir crímenes espeluznantes a personas desconocidas, que se quedaban extrañadas y aterrorizadas.

Cuando dirigía, toda la película estaba en su cabeza antes de rodarla, y debía encontrar la manera de hacer reales esas secuencias que imaginaba. Nunca dejaba nada al azar. En una época en la que no había efectos digitales, esto era todo un reto. Creía por encima de todo en el poder de lo visual y no tanto en los diálogos. Él narraba a través de las imágenes.

Por ejemplo, en una escena de *Sospecha*, había que poner toda la atención en un vaso de leche que llevaba Cary Grant en la mano, y para lograrlo lo iluminó colocando una bombilla dentro. En *La Soga* quería hacer una propuesta muy teatral y rodar todo en un mismo escenario y sin cortes, pero en esa época las bobinas de las cámaras duraban 10 minutos. Esto no le detuvo, se las apañó para que las transiciones apenas se notasen en el montaje final, mostrando así un gran ingenio como director.

En sus películas siempre hay un elemento desencadenante de la acción y que luego nada tiene que ver con la trama principal. Es lo que se llamó *macguffin*, algo que hace avanzar a los personajes en la historia, pero en realidad carece de importancia en sí mismo dentro del argumento. Por ejemplo, el robo del dinero en *Psicosis* es un *macguffin*, o las botellas de uranio de *Encadenados*, o la persecución constante del protagonista en *Con la muerte en los talones*.

Buscaba que la trama fuera sencilla, y poco importaba si era verosímil o no. Lo importante era provocar una emoción en el espectador.

Para Alfred hacer películas le permitía controlar la realidad a su antojo, y con eso se sentía seguro.

Ese miedo que encontró de pequeño en aquella cárcel se fue materializando en un cine muy particular: siempre pensando cómo contar algo de la forma más interesante.

En la década de los 50 filmó buena parte de sus películas más recordadas. Y creó una obra con un estilo muy personal y sugerente, en el que trataba sus obsesiones y temores de formas muy diferentes.

Así, nos convertimos en mirones en *La ventana indiscreta* (1954). El personaje que interpreta James Stewart es un *voyeur*, ve la vida a través del teleobjetivo de su cámara de fotos. Y nosotros la vemos con él. Con una pierna escayolada y en silla de ruedas, no se le ocurre mejor pasatiempo que espiar a sus vecinos desde la ventana. Pero tambien descubre a un personaje misterioso en el edificio de enfrente, del que sospecha que ha cometido un asesinato. El de esta película fue uno de los decorados más grandes jamás construidos, y en los diferentes apartamentos observamos la vida cotidiana y las relaciones amorosas de sus ocupantes.

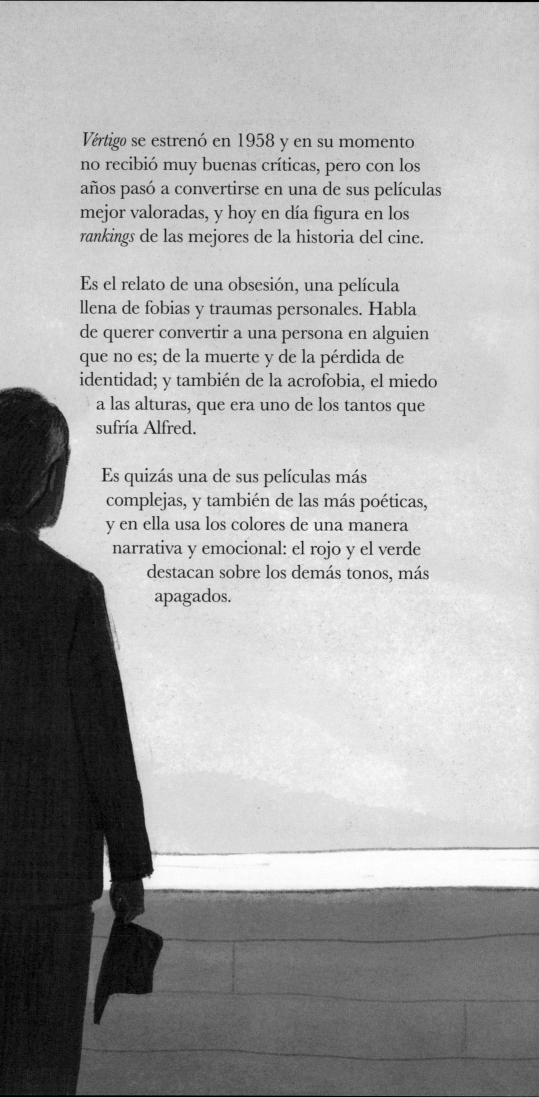

Vértigo se estrenó en 1958 y en su momento no recibió muy buenas críticas, pero con los años pasó a convertirse en una de sus películas mejor valoradas, y hoy en día figura en los *rankings* de las mejores de la historia del cine.

Es el relato de una obsesión, una película llena de fobias y traumas personales. Habla de querer convertir a una persona en alguien que no es; de la muerte y de la pérdida de identidad; y también de la acrofobia, el miedo a las alturas, que era uno de los tantos que sufría Alfred.

Es quizás una de sus películas más complejas, y también de las más poéticas, y en ella usa los colores de una manera narrativa y emocional: el rojo y el verde destacan sobre los demás tonos, más apagados.

«Nadie… absolutamente nadie… podrá entrar en la sala después del inicio de cada proyección»; era lo que se anunciaba en los cines de la época cuando se estrenó *Psicosis* en 1960.

Psicosis fue una auténtica revolución y también su película más taquillera. Cambió el funcionamiento de las salas, ya que hasta ese año en los cines de Estados Unidos se podía entrar en cualquier momento, con la película empezada. Pero en la enorme campaña de promoción de *Psicosis* se pedía a los dueños de las salas que solo dejasen entrar al público al principio de la película, y también se advertía a la gente que no contase el final. El propio Alfred compró todos los ejemplares de la novela en la que se basaba, para que nadie supiese lo que se iba a encontrar una vez que empezaba a verla.

Psicosis es su película más oscura, y aterrorizó a toda una generación. Algo tan cotidiano como la aparición de un retrete en una escena fue toda una revolución, porque era algo impensable en aquella época. La película habla sobre la mentira, la culpa, las diferentes identidades y, por supuesto, sobre la figura de la madre, alrededor de la cual se articula la trama.

Alma fue clave para el éxito de *Psicosis*. Entre sus aportaciones estuvo el empeño en que la famosa escena de la ducha llevara la música que había compuesto Bernard Hermann, cosa con la que Hitch no estaba de acuerdo. Al final cedió, y hoy sigue siendo una de las secuencias más icónicas de la historia del cine.

Después del éxito de *Psicosis* estuvo un tiempo pensando en su siguiente película. Un día, leyó una noticia en el periódico que le llamó la atención: unas gaviotas enloquecidas habían atacado a los vecinos de un pueblo de California. Enseguida se le ocurrió que sería un material estupendo para trabajar.

Estuvo tres años ideando la manera de hacer *Los pájaros*, debido a la complejidad técnica que suponía. En el rodaje había aves de verdad, y también mecánicas, incluso animaciones de pájaros que creó con la ayuda de Walt Disney y que mezcló con la imagen real. En esta película, un montón de aves enfurecidas de distintas especies empiezan a comportarse de manera extraña, atacando a los habitantes de un pequeño pueblo costero. El terror se encuentra en no saber por qué atacan los pájaros. De hecho, la palabra fin no aparece al acabar la película, porque quizá no existe un fin como tal. En esta historia vemos que son las personas quienes se tienen que esconder: pasan a estar enjauladas en sus casas. La música, tan importante en todas sus películas, no existe aquí; la banda sonora son los graznidos de los pájaros. Esto contribuye a darle un carácter aún más terrorífico e inquietante.

En *Los pájaros* encontramos un manual de estilo de su cine, con todos los elementos que conforman su manera única de narrar historias. Y, aunque siguió haciendo buenas películas durante muchos años, quizás esta fuera su último gran éxito.

Fue el director que más angustia nos hizo pasar, quizá porque sabía mejor que nadie cómo funciona el miedo.

En sus más de 50 películas, provocó miedo y terror a espectadores de todo el mundo. Con espías, asesinos, madres posesivas, pájaros enloquecidos, sogas y cuchillos.

Nunca recibió un premio Oscar, pero a partir de los años 50 empezó a ser reivindicado como autor por los cineastas franceses, encabezados por François Truffaut.

Y es que quizá tener estilo propio no estuviera reñido con hacer cine comercial.

NO ONE...BUT NO ONE...WILL BE ADMITTED TO THE THEATRE AFTER THE START OF EACH PERFORMANCE OF 'PSYCHO'

«La suerte lo es todo. Mi buena suerte en la vida fue ser una persona realmente asustadiza».